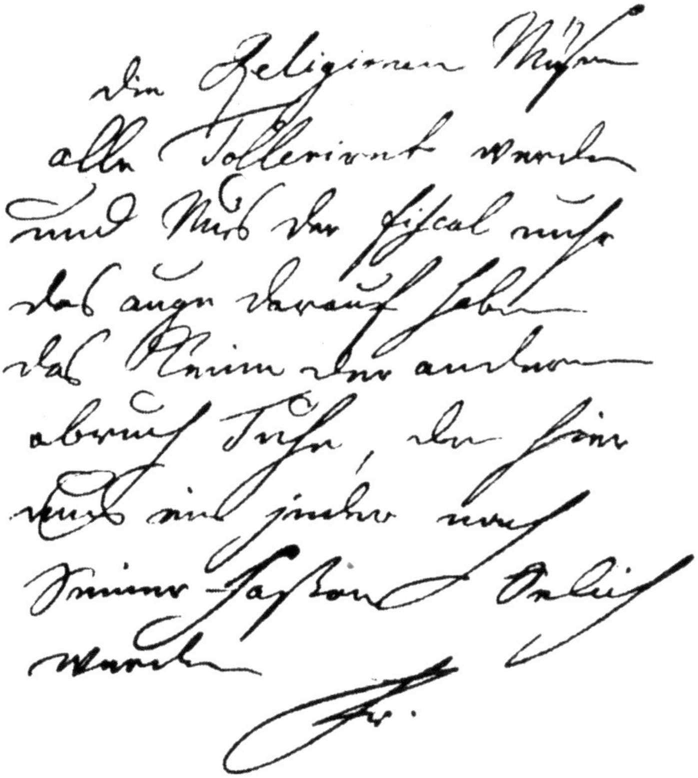
die Religionen Müsen
alle Tolleriret werden
und Mus der fiscal nuhr
das auge darauf haben
das keine der andern
abruch Tuhe, den hier
mus ein jeder nach
Seiner Faßon Selich
werden
Fr.

»Die Religionen müßen alle tolleriert werden und muss der fiscal nur das auge darauf haben, dass keine der anderen abbruch tue, dahier muss ein jeder nach seiner Fasson selig werden. Friedrich.«

BERUF KÖNIG

Die wahre Lebensgeschichte von Friedrich II.

erzählt von Magdalena und Gunnar Schupelius
mit Illustrationen von Beate Bittner

BERLIN STORY VERLAG

Der Vater:
König Friedrich Wilhelm I.
Er liebt alles, was mit Waffen und Soldaten zu tun hat und wird deshalb später der »Soldatenkönig« genannt.

Die Mutter:
Königin Sophie Dorothea stammt aus dem reichen Königshaus der Welfen in Hannover und ist mit den englischen Königen verwandt.

Das Königskind

Es gibt sehr, sehr viele Berufe auf der Welt. Meine Güte, was man alles werden kann! Richter zum Beispiel. Oder Maurer. Schuster sind eher selten geworden, aber es gibt sie noch. Auch Arzt kommt in Betracht. Lehrer oder Krankenschwester. Eines kann man in Deutschland allerdings nicht mehr werden: König. Es gibt nämlich keinen mehr. Dieses Amt ist nicht mehr vorgesehen.

Vor fast 300 Jahren, im Jahre 1712 war das noch anders. In diesem Jahr, ganz genau am 24. Januar, wurde in Berlin ein kleiner Junge geboren, dessen späterer Beruf vom Tag seiner Geburt an feststand: König. Der kleine Friedrich, so war sein Name, war der Sohn des Kronprinzen Friedrich Wilhelm von Hohenzollern und seiner Frau, der Kronprinzessin Sophie Dorothea. Friedrichs Vater war Kronprinz in Preußen. Preußen war ein Land, zu dem Berlin gehörte und Brandenburg und ein großer Teil der Ostseeküste.

In Berlin war die Aufregung groß an diesem 24. Januar. Im Hof des Schlosses wurden Kanonen abgefeuert. Genau 101 Kanonenschüsse. Das war das bekannte Zeichen für die Geburt eines Thronfolgers, des Kindes also, das einmal den Thron besteigen und König werden würde. Nun war er da, der kleine Prinz Friedrich!

Niemand freute sich mehr als der König, der Großvater des kleinen Friedrich. Schon zwei Enkelsöhne waren vor Friedrich geboren, aber beide waren als ganz kleine Kinder gestorben. Voller Stolz hielt er nun seinen Enkelsohn bei der Taufe, die nur sieben Tage nach der Geburt stattfand, über das Taufbecken. Friedrich trug eine kleine Krone auf dem Kopf. Sein Taufkleid war mit Silberfäden durchsponnen und mit Diamanten besetzt.

So fein fing Friedrichs Leben an. Aber nun musste der kleine Königssohn erst einmal erzogen werden. Da ja nun mal feststand, dass er später König werden würde, sollte er schon als kleiner Junge viel lernen. Schließlich muss man als König eine Menge wissen. Seine Eltern brachten ihm das aber nicht selbst bei. Königliche Eltern kümmerten sich damals nicht selbst um ihre Kinder. Darum passten zwei Damen auf den kleinen Prinzen auf, eine Oberhofmeisterin und eine französische Erzieherin. Von ihr lernte Friedrich französisch, was sehr wich-

tig für einen zukünftigen König war. Vornehme Leute sprachen damals nämlich französisch und nicht deutsch, auch in Berlin.

Natürlich durfte Friedrich auch spielen. Besonders gerne tobte er mit seiner Schwester Wilhelmine über die Treppen und Gänge des Berliner Stadtschlosses. Wilhelmine war drei Jahre älter als Friedrich und eine tolle Spielkameradin. Immer mal wieder besuchten die beiden ihre Mutter, Sophie Dorothea. Später bekam Friedrich noch acht weitere Geschwister. Aber Wilhelmine blieb immer seine Lieblingsschwester.

Weil Friedrich später mal Herrscher und damit auch Feldherr werden soll, ist er hier schon im Alter von zwei Jahren mit einer Trommel und einem hohen Orden zu sehen. Seine ältere Schwester Wilhelmine dagegen darf nur ein Blumenkörbchen tragen.

Als Friedrich sieben Jahre alt wurde, änderte sich sein Leben.

Sein Vater suchte neue Erzieher und einen richtigen Lehrer für Friedrich aus. Der Vater, Friedrich Wilhelm, war inzwischen König von Preußen geworden. »Soldatenkönig« nannten ihn die Leute, weil er Soldaten so besonders gerne mochte. Er wollte Friedrich nun all das selbst beibringen, was man wissen muss, um König zu werden. Darum erklärte er dem Lehrer ganz genau, was Friedrich lernen sollte und was nicht. Besonders wichtig war dem Soldatenkönig natürlich, dass Friedrich sich auch so sehr wie er selbst für die Armee, für Soldaten und Waffen interessierte. Als Friedrich fünf war, schenkte er ihm deshalb zu Weihnachten eine Armee aus Zinnsoldaten mit allem Drum und Dran, Kanonen und Fahnen und Trommeln. Und bereits im Alter von sechs Jahren durfte Friedrich eine eigene kleine Truppe von 131 Jungen befehligen, die der König für ihn zusammenstellte. Sie marschierten bei Übungen der Armee mit – wie die echten Soldaten.

Friedrichs Vater interessierte sich für ganz andere Dinge als sein Sohn. Er liebte das Reiten und die Jagd und traf sich regelmäßig mit seinen Freunden bei Bier und Pfeife im sogenannten »Tabakskollegium«.

Das alles war ja noch nett. Weniger nett war, dass der Vater täglich eine Kanone vor Friedrichs Zimmer abfeuern ließ, damit der sich an den Lärm der Schlachtfelder gewöhnte. Der Soldatenkönig war zudem übermäßig sparsam. Der kleine Prinz sollte sehr einfach leben und kein kostbares Geschirr benutzen oder feine Kleider tragen. Friedrich bekam zwar etwas Taschengeld, aber er musste alles, was er kaufte, in ein Heft eintragen. Das Heft musste er dann dem Vater vorzeigen. »Zwei Farbschachteln – 16 Groschen«, listete Friedrich dann auf, oder »ein Rotkehlchen – 4 Groschen«. Wofür er das Rotkehlchen brauchte, wissen wir leider nicht. Wir wissen aber ziemlich gut, wie Friedrichs Tag ablief. Sein Vater hatte das nämlich alles ganz genau festgelegt.

Um sechs Uhr wurde Friedrich von einem Diener geweckt. Dann musste er sein Morgengebet sprechen, sich waschen, anziehen und seine Haare, wie damals üblich, zum Zopf binden. Dabei halfen ihm aber seine Diener. Das alles musste sehr schnell und trotzdem gründlich passieren. Sein Vater hatte den Dienern befohlen, genau darauf zu achten, dass Friedrich »sich richtig wasche und reinlich werde und niemals schmutzig sei.«

Sein Vater selbst hatte einen solchen Sauberkeitsfimmel, dass er in seinen Räumen auf Vorhänge und Teppiche verzichtete. Denn die hätten ja Staub fangen können.

Also, sauber gewaschen ging Friedrich nach dem Frühstück um viertel nach sieben zum Unterricht. So früh! Zum Glück war wenigstens sein Schulweg kurz. Er musste einfach nur in das nächste Zimmer gehen und schon war er da! Friedrich besuchte nämlich keine Schule. Sein Lehrer unterrichtete ihn zuhause im Schloss. Er lernte Geschichte, Geographie, Religion und Französisch, außerdem natürlich Deutsch und Mathe, alles ganz alleine. Schulkameraden hatte er nicht. Auch Pausen gab es nicht, bis auf eine kurze Mittagspause. Dann aß Friedrich mit seinem Vater. Danach ging der Unterricht weiter bis fünf Uhr. Hinterher sollte Friedrich dann, so hatte sein Vater entschieden, »ausreiten, sich aber immer in der frischen Luft und nie im Zimmer aufhalten.« Nie im Zimmer! Bei gutem Wetter mag das ja noch angehen, aber was war bei Regen? Oder im Winter? Zumal Friedrich auf Geheiß seines Vaters im Winter beim Reiten keine Handschuhe tragen durfte, damit er sich abhärtete.

Solange Friedrich klein war, machte er einfach immer alles, was sein Vater ihm sagte. Egal, ob es ihm gefiel oder nicht. Aber je älter er wurde, umso häufiger kam es zum Streit mit seinem Vater. Friedrich interessierte sich nicht besonders für das Soldatenleben. Er war auch nicht gerne draußen – zumindest nicht ständig. Jagen, Fechten und Schießen waren seine Leidenschaften nicht. Friedrich hatte andere Vorlieben. Er las gerne, er liebte Musik, er spielte Flöte – und er lernte gerne.

Der kleine Fritz als Kronprinz in Offiziersuniform. Auch hier hat ihm der Maler wieder ein militärisches Werkzeug, einen Spieß, in die Hand gedrückt, obwohl er ja viel lieber Flöte gespielt und gelesen hat.

Nun möchte man annehmen, so etwas gefällt jedem Vater. Ein Sohn, der gerne Flöte spielt und gerne lernt! Der Soldatenkönig wollte aber überhaupt nicht, dass sein Sohn die Zeit mit dem Lernen von Sachen verschwendete, die er selbst für vollkommen überflüssig hielt. Als Friedrich acht Jahre alt war, erwischte sein Vater ihn, wie er gemeinsam mit seinem Lehrer einen lateinischen Text las. Für Latein hatte Friedrichs Vater nichts übrig. Dass sein Sohn Latein lernte, ärgerte ihn so sehr, dass er völlig außer sich geriet. Er schlug mit seinem Stock auf den Lehrer ein und trat mit Füßen nach ihm. Friedrich traute seinen Augen nicht.

Entsetzt versteckte er sich unter dem Tisch. Leider entdeckte sein Vater das Versteck, zog ihn hervor und ohrfeigte ihn.

Unter Tischen, hinter Wandschirmen und unter Betten musste Friedrich sich in den kommenden Jahren noch einige Male verstecken. Sein Vater wurde nämlich häufig so wütend. Und nicht immer gelang es Friedrich, durch ein gutes Versteck den Wutausbrüchen seines Vaters zu entkommen. Ständig wurde er mit Schlägen bestraft. Weil er mit Handschuhen geritten war, weil er von silbernen Löffeln gegessen hatte oder sich auf einem Pferd nicht hatte halten können, weil er zu viel las, schöne Kleider liebte, weil … Nun, es gab immer einen Grund.

Auch in aller Öffentlichkeit, vor anderen Leuten schlug der Soldatenkönig seinen Sohn. Das war ganz besonders schrecklich für Friedrich. Er war ein empfindsamer Junge, der denkbar litt unter den Demütigungen. Aber er ärgerte seinen Vater auch gerne und versteckte sich dann im Schlafzimmer der Mutter. Ein glückliches Familienleben war das ganz gewiss nicht. Und so ist es nicht verwunderlich, dass Friedrich immer häufiger an Flucht dachte. Er wollte weglaufen. Irgendwohin, wo ihn sein jähzorniger Vater nicht finden konnte.

Im Sommer des Jahres 1730 musste er seinen Vater auf eine Reise begleiten. Diese Gelegenheit wollte er nützen. Gemeinsam mit seinem Freund, dem Leutnant Hans Herrmann von Katte, schmiedete er einen Fluchtplan. Nachts wollte Friedrich heimlich aus dem kleinen Gasthof schleichen, in dem die Reisegesellschaft übernachtete. Er wollte auf sein Pferd springen und im Schutze der Dunkelheit nach Holland reiten. Von dort aus wollte er gemeinsam mit Katte weiter nach England. Das war der Plan. Aber der funktionierte nicht. Der Plan missglückte. Vielleicht hatten die Pferde zu viel Lärm gemacht. Vielleicht hatte einer der Diener sie verraten. Jedenfalls bemerkte der König die Flucht. Königliche Soldaten griffen sich Friedrich, bevor er davon reiten konnte. Auch Katte wurde verhaftet. Der Vater ließ beide ins Gefängnis sperren. Und nun saß Friedrich in einer kalten Gefängniszelle in der Oder-Festung Küstrin. Eingesperrt vom eigenen Vater!

Katte war acht Jahre älter als Fritz und hatte ihm eigentlich von der Flucht abgeraten. Fritz hielt es aber mit seinem Vater nicht mehr aus und versuchte trotzdem zu fliehen. Der König ließ seine Wut über diesen Ungehorsam dann an dem armen Katte aus.

Seine Lage war furchtbar: Niemand durfte mit ihm sprechen. Er durfte keine Briefe schreiben, keine Besucher empfangen, nicht lesen. Zweimal am Tag wurde sein Essen durch eine Klappe in der Tür hinein geschoben. Nein, wie ein zukünftiger König wird er sich kaum gefühlt haben. Friedrich war verzweifelt. Unglücklich. Am Boden zerstört. Seinem Vater war das aber noch nicht genug. Er befahl Friedrichs Freund Katte hinzurichten. Er ließ ihn töten! Friedrich sollte zusehen, wie sein Freund starb. Zum Glück wurde Friedrich ohnmächtig. Trotzdem: Dieses schreckliche Erlebnis hat er sein Leben lang nicht vergessen.

Offenbar fand der Soldatenkönig danach, dass Friedrich nun genug bestraft worden sei. Schlimmer konnte es ja auch kaum noch kommen. Und Friedrich? Der wollte einfach keinen Ärger mehr. Er bat seinen Vater um Entschuldigung. Der Vater nahm die Entschuldigung an. Friedrich durfte wieder nach Hause. Nach über einem Jahr sah er seine Mutter und seine Schwester Wilhelmine wieder. Das war vielleicht eine Aufregung! »Seht ihr, Madame«, sagte der Soldatenkönig zu seiner Frau, »da ist der Fritz wieder.« In der Tat, da war er wieder. Aber natürlich war nicht mehr alles wie vorher. Die Zeit im Gefängnis hatte ihn verändert. Er war erwachsen geworden, ein ernster, junger Mann, der in seinem Leben schon viel Leid gesehen hatte. Aber er war wieder da und sein Vater hatte auch gleich neue Pläne für ihn: Friedrich sollte heiraten!

Königliche Feste

Hochzeiten sind im Allgemeinen eine feine Sache. Und nun eine königliche Hochzeit! Leider freute sich Friedrich nicht so sehr, wie man hätte meinen können. Denn: Zu einer Hochzeit gehört eine Braut. Zu einer königlichen Hochzeit eine Prinzessin. Und Friedrich gefiel die für ihn auserwählte Prinzessin nicht. Die hatte nämlich allein sein Vater ausgesucht, Friedrich selbst wurde gar nicht gefragt. Über seine zukünftige Frau, die Herzogin Elisabeth Christine von Braunschweig-Bevern, schrieb er in einem Brief an seine Schwester Wilhelmine: »Die Prinzessin hat ein ganz hübsches Gesicht, aber tief liegende Augen, einen hässlichen Mund und schlechte Zähne.« Das war nicht nett von Friedrich. Und, als sei das nicht genug, behauptete er auch noch, die Prinzessin habe »einen Gang wie eine Ente«. Großzügigerweise gestand er ihr aber zu, dass sie »ein gutes Herz« habe. Friedrich beließ es bei diesen Sticheleien in Briefen an Schwester und Freunde. Seinem Vater gegenüber hatte er nach seinem Aufenthalt im Gefängnis Gehorsam geschworen und

Ob es bei Friedrichs Hochzeit wirklich so steif und grau zugegangen ist, wie es auf diesem Bild aussieht? Er selbst hat anscheinend nicht so viel Spaß an dem Fest gehabt, denn er schreibt seiner Schwester gleich nachdem die Gäste gegangen sind: »Gott sei Lob und Dank, daß alles vorbei ist.«

dabei blieb es. Dem sagte er nicht, was er von der Prinzessin hielt.

Am 12. Juni 1733 fand die Hochzeit statt. Nicht in Berlin, sondern in Salzdahlum in der Nähe von Braunschweig. Dort stand das Sommerschloss der Familie der Braut. Zu seiner Hochzeit kam Friedrich mit seiner ganzen großen Königsfamilie. In der Schlosskapelle wurde das junge Paar am Nachmittag gesegnet. 24 Kanonen schossen, jede dreimal. Dann wurde im Festsaal des Schlosses gefeiert. An langen Tafeln saßen die Gäste. Die Speisen wurden auf silbernen Platten aufgetragen: Aalpasteten und Fasan, kleine Kuchen, Wein aus schweren Kristallkaraffen, Champagner. Es wurde getanzt und zum Abschluss des Festes gab es einen Fackelzug durch den Schlosspark. Friedrich hatte an diesem Fest aller Pracht zum Trotze wenig Freude.

Aber wenigstens den Gästen wird es gefallen haben! Man feierte nämlich gern an den Königshöfen. Friedrichs Vater zwar gab nur kleine und bescheidene Feste, da er so etwas für Geldverschwendung hielt. Aber als junger Mann hatte Friedrich am sächsischen Hof rauschende Königsfeste miterlebt. Dort wurde getanzt und gesungen. Königliche Clowns, die Hofnarren, trieben ihre Späße und Tänzerinnen in seidenen Kleidern verzauberten die Festgesellschaft. Beliebt waren auch Maskenbälle. Dabei verkleideten sich die Gäste und trugen Masken, so dass sie sich gegenseitig nicht mehr erkennen konnten!

Friedrich selbst mochte diese fröhlichen Feste als junger Mann sehr. Er verkleidete sich auch gerne. Vor einem Maskenball schrieb er seiner Schwester Wilhelmine: »Ich werde mich heute abend als Dame verkleiden, sogar als Witwe.« Ob ihn da noch jemand erkannt hat?

Oft wurde bei diesen Festen auch gespielt. Am Dreikönigstag etwa wurde eine dicke

Wilhelmine, die Lieblingsschwester Friedrichs, heiratete den Markgrafen von Bayreuth, der auch Friedrich hieß. Sie lebte in Bayreuth und manchmal besuchte sie ihren Bruder und dann hatten die beiden sich viel zu erzählen.

Bohne in den Kuchen gebacken. Wer sie beim Nachmittagskaffee in seinem Kuchenstück fand, musste den anderen Gästen wie ein Diener den Kaffee reichen, sogar wenn es der König selbst war!

Bald hatte Friedrich noch mehr Gelegenheit, eigene Feste zu geben. Sein Vater kaufte ihm und seiner Frau nämlich ein Schloss! Schloss Rheinsberg in der Nähe von Berlin. Friedrich freute sich und noch viel mehr freute sich seine Frau, die Prinzessin Elisabeth Christine. Begeistert begann sie mit den Vorbereitungen. Sie hatte Möbel aus dem Schloss ihrer Eltern mitgebracht und auch der Soldatenkönig schenkte ihr ei-

Eine schöne Überraschung! Friedrich bekam Schloss Rheinsberg zur Hochzeit geschenkt. Später wohnte dort sein Bruder Heinrich, ein berühmter Feldherr.

nige kostbare Stücke. Nur leider – Friedrich wollte die Möbel nicht haben. Elisabeth Christine durfte das Schloss nicht einrichten. Friedrich ließ es nach seinen Ideen umbauen und ganz neu einrichten. Er mochte gerne Möbel in hellen Farben: Hellblau, leichtes Gelb und Hellgrün.

Hier endlich wollte er so leben, wie er es sich vorstellte. Niemand sollte bestimmen, wie sein Tag aussah. Niemand entscheiden, was er zu tun hatte. Zwar musste Friedrich manchmal nach Ruppin reiten, weil er dort den Befehl über eine Gruppe von Soldaten hatte. So hatte es sein Vater gewollt. Aber die übrige Zeit sollte ihm, Friedrich, ganz allein gehören. Friedrich feierte das Leben. Er ließ sich in einem der Rundtürmen des Schlosses eine Bibliothek mit unzähligen Büchern einrichten und rief Künstler, Schauspieler und Musiker an seinen Hof.

Elisabeth Christine war gern in Rheinsberg. In der Stadt hatte sie oft Kopfweh und war müde. Draußen auf dem Land, in der frischen Luft, ging es ihr viel besser und sie hatte sogar Lust, Theater zu spielen und Bilder zu malen.

Auch Friedrich war viel lieber hier als in Berlin. Das ewige Marschieren mit den Soldaten ging ihm ganz schön auf die Nerven. In Rheinsberg konnte er machen, was er wollte, und das tat er auch!

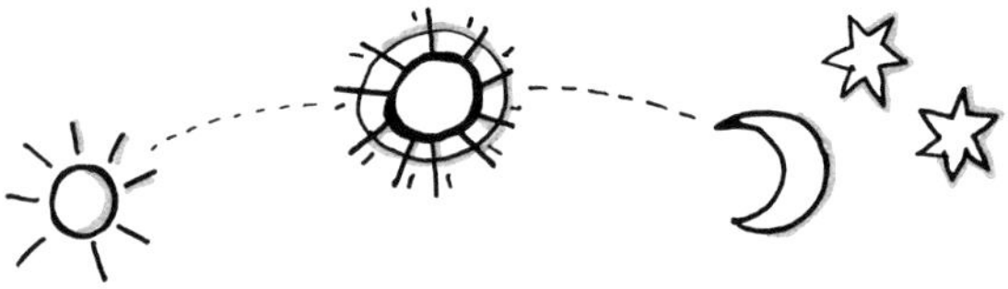

Den frühen Morgen und den Vormittag verbrachte er an seinem Schreibtisch. Er schrieb Briefe und las. Zum Mittagessen holte er seine Frau aus ihrem Zimmer ab und sie aßen gemeinsam mit ihrem Hofstaat. Mit den Hofdamen der Prinzessin also und natürlich mit Friedrichs Mitarbeitern und Freunden. Nachmittags ging Friedrich hinaus. Er ging spazieren oder er ritt aus. Am Abend traf sich Friedrich dann erneut mit seiner Frau und weiteren Gästen und Freunden im großen Saal des Schlosses. Dort wurden dann Theaterstücke gezeigt, extra für Friedrich und seine Gäste. Sänger trugen ihre Stücke vor. Und nicht selten musizierte Friedrich selbst. Er spielte Flöte, wurde begleitet auf dem Klavier oder auf der Geige. Manchmal, wenn es warm und trocken war, wurde das ganze Fest einfach nach draußen verlagert.

Nun gab es aber etwas, was Friedrich lieber machte als alles andere. Kein Fest nämlich und kein Theater konnten Friedrich vom Lesen abhalten. Er las und las, manchmal die ganze Nacht hindurch. Und er kaufte ständig Bücher. Er kaufte tatsächlich so viele Bücher, dass er sich Geld leihen musste, weil er selbst nicht mehr genug hatte, um die Bücher zu bezahlen!

Mit seinem Vater verstand Friedrich sich so gut wie noch nie. Wahrscheinlich lag das einfach daran, dass sie sich so selten sahen. Der Soldatenkönig war in diesen Jahren mehrmals schwer krank gewesen und konnte seinen Sohn nicht sehr oft besuchen. Friedrich wiederum hatte überhaupt keine Lust, häufig zum Vater nach Berlin zu kommen. Bei einigen ihrer seltenen Begegnungen kam es dann auch wieder zum Streit. Friedrichs Vater wurde wieder sehr wütend, aber hinterher tat es ihm dann ganz schrecklich leid. Einmal schenkte er seinem Sohn nach einem Streit als Versöhnungsgeschenk ein ganzes Gestüt, einen ganzen Hof also, mit Häusern, Ställen und Pferden!

So ein Geschenk ist nicht zu verachten. Aber, so oder so, es war sehr gut, dass Friedrich sich mit seinem Vater vertrug: Im Mai 1740 nämlich starb Friedrichs Vater. Friedrich fuhr mit einer Kutsche eilig nach Berlin. Er rief seine engsten Freunde zu sich, um mit ihnen zu besprechen, was nun zu tun sei. Denn nun, da sein Vater nicht mehr lebte, wurde er König. König Friedrich der II. in Preußen!

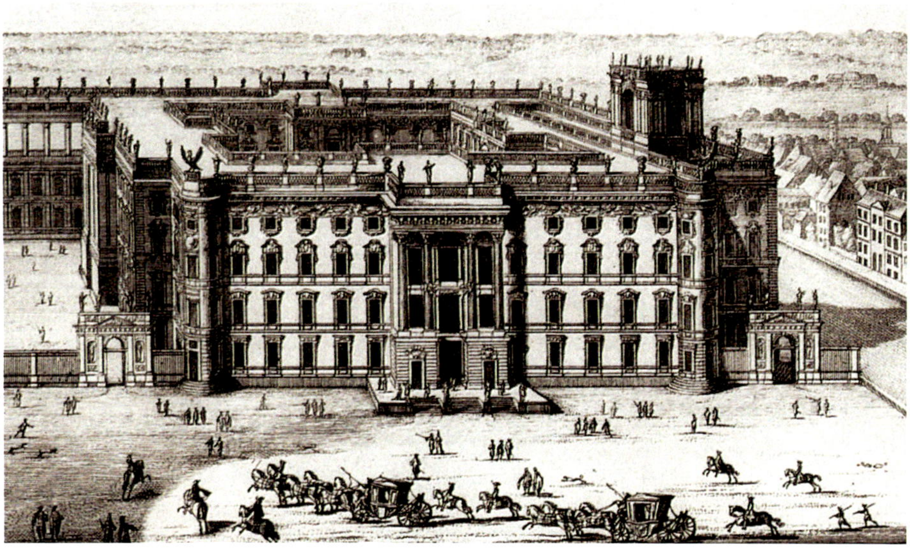

So sah das Berliner Schloss aus, als Friedrich darin wohnte.

Die Berliner freuten sich auf ein rauschendes Fest zur Thronbesteigung ihres neuen Königs. Vielleicht würde es Fackelzüge geben und Tanzfeste, vielleicht prächtige Paraden von Soldaten in ihrer Festtagsuniform. Nichts dergleichen geschah. Es fand kein Krönungsfest statt. Friedrich leistete seinen Königseid auf dem Balkon des Berliner Schlosses und das Volk durfte zusehen, aber feiern wollte er nicht. Schließlich war König nun sein Beruf und er wollte möglichst schnell an die Arbeit gehen. Noch nicht einmal seine Krone wollte er haben. »Eine Krone ist ein Hut, in den es hineinregnet«, sagte er. Und obwohl es gar nicht regnete am Tag, als er König wurde, setzte er sie nicht auf. Aber ein König war er trotzdem. Er wollte vieles verändern. Er hatte viele Ideen, was er als König alles machen könnte. Also fing er an.

Der moderne König

Schon einen Tag nach seinem Amtsantritt ließ der König Korn aus den königlichen Getreidekammern an das Volk verkaufen. Besonders billig natürlich. Die Menschen im Lande waren hungrig, weil die Ernte im Jahr zuvor so schlecht gewesen war. Nur einen Tag später ließ er die Folter abschaffen. Damals war es nämlich erlaubt und üblich, Verdächtige so lange zu quälen, bis sie zugaben, irgendetwas Böses gemacht zu haben. Und zum Tode Verurteilte wurden vor ihrer Hinrichtung noch gefoltert. Friedrich hielt das zum Glück für eine »grässliche und unnütze Grausamkeit«.

Außerdem führte er die Pressefreiheit ein. Pressefreiheit heißt, dass der König nicht mehr bestimmen kann, was in der Zeitung geschrieben werden darf. Das ist eine ganz wichtige Sache: Solange es keine Pressefreiheit gibt, kann in Zeitungen nur geschrieben werden, was der König erlaubt. Also erfahren die Menschen aus den Zeitungen nur das, was sie nach Ansicht des Königs auch erfahren dürfen. Was aber, wenn der König Dinge tut, die den Menschen vielleicht nicht gefallen? Nun, ohne

Obwohl es ihm in Sanssouci eigentlich viel besser gefiel, hat Friedrich auch in Berlin eine Menge neuer Häuser bauen lassen, zum Besipiel die große Oper Unter den Linden, die heute noch als eine der drei Berliner Opern in Betrieb ist (links im Bild).

Pressefreiheit erfahren sie natürlich gar nichts davon und können also auch nichts dazu sagen. Das wollte Friedrich ändern. Er fand Zeitungen langweilig, in denen nur stand, was der König erlaubt hatte. Er ließ eine Zeitung gründen, die Berlinischen Nachrichten. Er wollte sogar selbst mitarbeiten an der Zeitung! Vielleicht wollte er sich damit selbst die Arbeit ein wenig erleichtern? Manche Teile der Zeitung wollte er nämlich durchaus auch weiterhin ein kleines bisschen kontrollieren.

Die Buchzensur schaffte er ganz ab. Bisher wurden alle Bücher, die veröffentlicht wurden, erst von Beamten des Königs gelesen. Was ihnen nicht gefiel, strichen sie einfach durch. Friedrich wollte aber, dass jeder denken und sagen durfte, was er wollte. »Ich tue, was ich will, und die Leute können sagen, was sie wollen«,

Auch Kirchen wurden in der Regierungszeit von Friedrich gebaut, z.B. die Berliner Hedwigskriche, die es heute noch gibt und die damals als erste katholische Kirche nach der Reformation in Berlin etwas ganz Besonderes war (links im Bild, rechts das Opernhaus).

sagte er. Das konnten die Leute dann auch wirklich, und das war damals gar nicht selbstverständlich!

Friedrich erlaubte den Menschen nicht nur, zu sagen, was sie wollten. Sie durften auch glauben, was sie wollten. Während bisher alle Untertanen immer die gleiche Religion wie ihr König haben mussten, führte er Religionsfreiheit ein. Man durfte evangelisch sein oder Katholik oder Jude – dem König Friedrich war das völlig egal. Er fand alle Religionen gleich gut. Das fand damals außer ihm fast niemand. Im Gegenteil, die Menschen brachten sich sogar gegenseitig um, nur weil sie fanden, dass der andere die falsche Religion hatte. König Friedrich dagegen baute in Berlin später sogar eine katholische Kirche, die gab es in ganz Preußen nicht.

Und Friedrich wollte, dass allen Menschen in Preußen, egal, ob arm oder reich, das gleiche Recht zukommen sollte. In den meisten Ländern Europas konnten die Menschen damals einfach auf der Straße verhaftet und eingesperrt werden, nur weil der König das so wollte. Viele Fürsten nahmen den Bauern einfach alles weg, was sie hatten, so dass sie verhungern mussten. Die Menschen konnten sich nicht wehren. Wenn sie zu einem Richter gingen, so wurde ihnen meistens nicht geholfen. Die Richter waren nämlich bestechlich: Wer ihnen das meiste Geld gab, den ließen sie laufen. Wer keins hatte, wurde gleich aufgehängt. Friedrich ließ darum alle Richter vom Staat bezahlen, damit sie unabhängig entscheiden sollten. Niemand sollte verurteilt werden, nur weil er arm war.

Einmal geschah folgendes: Ein mächtiger Mann, genauer gesagt, ein Landrat, hatte einem Müller das Wasser gesperrt – einfach so. Aber der Müller konnte ohne das Wasser seine Mühle nicht benutzen. Also zahlte er auch die Miete für die Mühle nicht mehr. Daraufhin ließ der Landrat den Müller verhaften. Der Richter entschied, dass der Müller verprügelt und eingesperrt werden sollte. Und so wurde es auch gemacht. Das war wirklich ungerecht! Darum schrieb der Müller dem König einen Brief. König Friedrich wurde furchtbar wütend. Er gab den Befehl, den Müller sofort frei zu lassen. Den Richter,

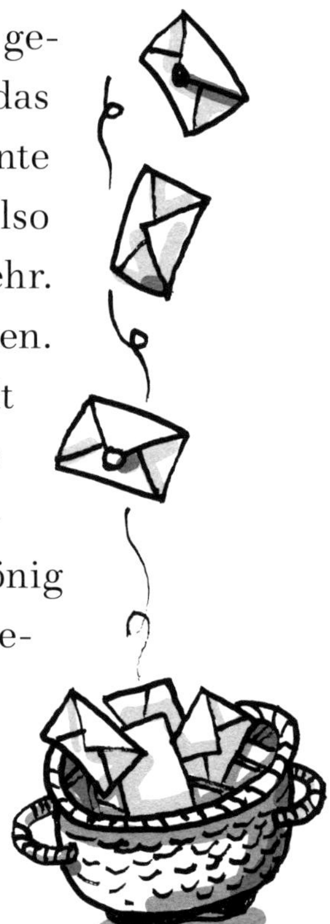

der den Müller verurteilt hatte, den warf er hinaus. Die Bauern im Land waren begeistert. Sie liefen zum Schloss und riefen: »Es lebe unser König, der dem armen Bauern zu seinem Recht verhilft.«

»Ich tue, was ich will«, hatte Friedrich ja gesagt, und da er König war, konnte er das auch. Er war mal nett, mal grantig, mal großzügig, mal streng. Wann er was war, das hing von seiner Laune ab und vom Wetter. Die Leute schrieben ihm Briefe mit ganz verschiedenen Fragen und Bitten. Einer wollte Pferde haben für einen Umzug in eine andere Stadt. Ein anderer bat um ein Stück Land für seinen Sohn. Und so bekam Friedrich jeden Tag einen ganzen Korb voll Post. Briefe von Freunden und wichtigen Leuten, die las Friedrich immer selbst. Alle anderen Briefe musste ihm sein Diener, der Kammerlakai, vorlesen. Wenn sich der König über einen Brief ärgerte, warf er ihn sofort in den Kamin. Deshalb musste im Kamin immer ein Feuer brennen, wenn der König seine Post las. Auch im Sommer.

Manchmal schrieb der König nur ein einzelnes Wort auf den Rand des Briefes. Seine Diener mussten dann einen richtigen Antwortbrief dazu schreiben. Diese Bemerkungen auf den Briefen waren nicht immer sehr höflich. »Esel« schrieb er auf den Rand, »Schweinerei«, »Dummheit« oder »Spitzbub« – dann wussten seine Diener, dass sie die Bitte ablehnen mussten. Oft war Friedrich aber auch großzügig. Er half, wenn er die Bitte für gerechtfertigt hielt.

Hatten Gerichte einen Menschen zum Tode verurteilt, so musste dem König das Urteil zur Unterschrift vorgelegt werden. Friedrich unterschrieb fast nie – nur bei Mord. Zu dieser Zeit wurden in vielen anderen Ländern Menschen auch wegen Diebstahls zum Tode verurteilt. Das erlaubte König Friedrich in seinem Land nicht.

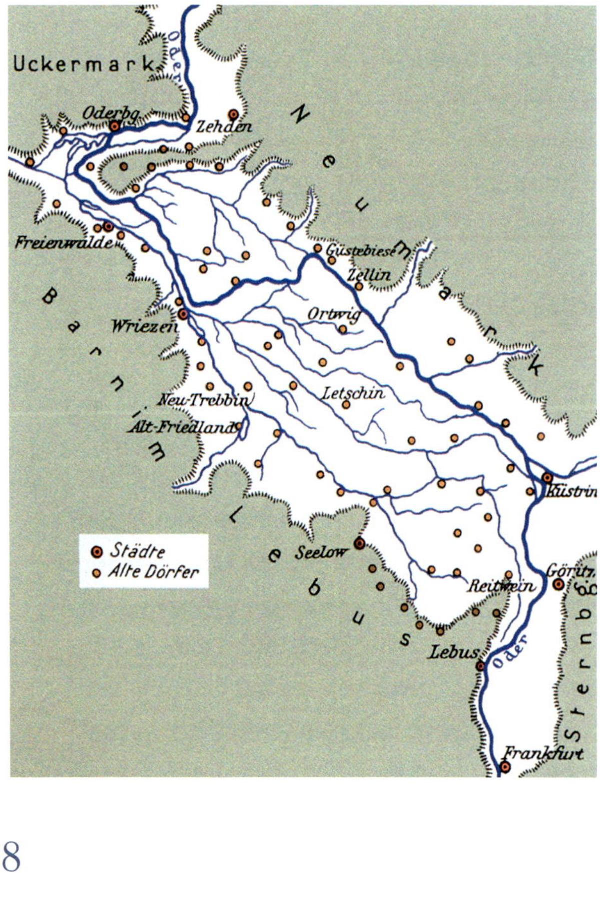

Wenn es eine schlechte Ernte gab, hatten die Menschen wenig zu essen. Friedrich wollte das ändern und ließ neue Felder anlegen. Um Platz dafür zu schaffen, wurde das Oderbruch, ein großes Sumpfgebiet westlich der Oder, trockengelegt.

Die Menschen durften auch direkt zum König kommen, wenn sie etwas wollten. Manchmal kamen sie dann auch mit ganz unwichtigen Anliegen. Einmal etwa erschien eine Frau beim König und beklagte sich über ihren Mann. Der sei oft gemein und grob zu ihr. König Friedrich wehrte ab: »Das geht mich nichts an.« »Aber«, legte die empörte Frau nach, »er redet auch schlecht über den König!« König Friedrich sah die Frau streng an und sagte: »Das geht Sie nichts an!«

Aber natürlich konnte sich der König nicht oft mit solch unwichtigen Kleinigkeiten beschäftigen. König Friedrich wollte immer genau Bescheid wissen, was im Land vor sich ging. Wenn er mit seiner Kutsche oder auf seinem Pferd unterwegs war, sprach er auch mit den Leuten. In Berlin passierte es ein paar Mal, dass einige Jungen Witze machten, weil die Uniform des Königs nicht sauber war oder sogar Löcher hatte. Das störte den König gar nicht, dann lachte er nur. Aber wenn die Jungen seine Pferde ärgerten, dann wurde er sehr böse. Seine Pferde mochte er nämlich sehr.

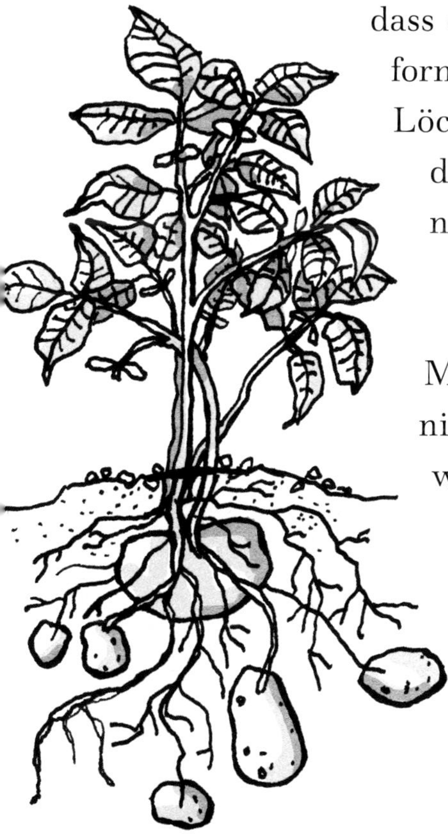

Manchmal hatten die Menschen in Preußen nicht genug zu essen, weil eine Ernte schlecht war oder weil es einfach nicht genug Äcker gab,

Friedrich interessierte sich für eine ganze Menge verschiedener Dinge und war immer neugierig, was so entdeckt und erfunden wurde. So hat er herausgefunden, dass sich die Kartoffel gut für die ziemlich mageren Böden in Brandenburg eignet und hat den Bauern befohlen, Kartoffeln anzubauen.

In seiner Jugend hatte Friedrich Spaß an schönen Gewändern und edlen Stoffen. Als er älter wurde, interessierte ihn das überhaupt nicht mehr, und er lief tagein tagaus mit derselben Uniform herum. Der Maler hätte sicher viel lieber ein paar tolle Orden oder wenigstens eine Krone gemalt, aber in die regnete es ja sowieso nur rein!

auf denen Korn angebaut werden konnte. Friedrich überlegte, was man dagegen tun könnte. Schließlich ließ er die Sümpfe im Oderbruch, also in der Nähe des großen Flusses Oder, trockenlegen. Das war eine sehr komplizierte Angelegenheit. Aber am Ende waren die Sümpfe so trocken, dass Bauern dort wohnen und Korn und Früchte anbauen konnten. Sogar neue Dörfer und Städte gründeten sie.

Man kann sich vorstellen, dass der König viel zu tun hatte an einem Tag! Trotzdem fand Friedrich noch Zeit für die Dinge, die ihm am liebsten waren: Gespräche mit seinen Freunden, Lesen und vor allem seine Musik.

Das Königsschloss

Ein König braucht ein Schloss, das ist klar. König Friedrich II. hatte ein Schloss. Er hatte sogar mehrere Schlösser. Da gab es unter anderen das Schloss Rheinsberg und das Berliner Schloss und das Potsdamer Schloss. Im Potsdamer Schloss war Friedrich ziemlich häufig. In den beiden anderen fast nie. Im Dorf Rheinsberg, wo das Schloss Rheinsberg ja stand, hatte es nämlich einen furchtbaren Brand gegeben. Das Schloss stand zwar noch, aber die ganze Umgebung war zerstört. Dort wollte Friedrich sich nicht aufhalten. Und das Berliner Schloss? Das mochte Friedrich noch nie leiden.

Also beschloss Friedrich, ein neues Schloss bauen zu lassen, ein richtiges Traumschloss. Schloss Sanssouci nannte Friedrich das Schloss. »Sans Souci« ist französisch und bedeutet: Ohne Sorgen. Gebaut hat es übrigens der gleiche Baumeister, der auch schon Schloss Rheinsberg umgebaut hatte. Er hieß Knobelsdorff. Aber wie er es bauen sollte, das hat ihm Friedrich gesagt, und zwar ganz genau. Er hat es ihm auch aufgezeichnet, damit Knobelsdorff genau wusste, welches Zimmer wo liegen sollte.

Ein Prachtschloss! Sansscouci ist französisch und bedeutet »ohne Sorgen«. Das hatte sich Friedrich gewünscht, als er das Schloss bauen ließ – ganz sorglos mit seinen Hunden im Park spazieren zu gehen und abends ein kleines Fest auf der Terrasse zu geben. Und immer blauen Himmel und Sonnenschein!

Friedrich ließ einen riesigen Garten anlegen, mit einem Weinberg und Terrassen, mit Gewächshäusern und kunstvoll beschnittenen Bäumen. Es gab mehrere Wasserbecken und Springbrunnen mit Wasserspielen. Das Schloss selbst lag oben auf dem Weinberg. Von dort aus überblickte man den gesamten Park. Friedrich ließ auch alle Zimmer des Schlosses nebeneinander bauen. Dadurch konnte man aus jedem Zimmer nicht nur in den Garten sehen, sondern auch direkt in den Garten treten, und das war natürlich sehr praktisch.

Für den König selbst gab es nicht nur eines, sondern mehrere Zimmer. Im Empfangszimmer warteten des Morgens die Menschen, die zum König wollten, um ihn zu sprechen. Das Empfangszimmer war aber kein kleiner Flur oder ein Wartezimmer, wie wir es heute kennen. Das war ein prächtiger Raum. Die Wände waren mit zartrosa Stoffen bespannt und mit Gold verziert. In diesem Zimmer hingen auch viele Bilder, die berühmte Maler gemalt hatten. Abends, wenn niemand mehr hier wartete, nutzte der König dieses Zimmer manchmal auch als Speisezimmer.

In dem angrenzenden Arbeitszimmer empfing Friedrich die Leute, die zu ihm kamen. Hier stand sein Schreibtisch, hier stand sein großer Sessel. Und vor allem stand

In dem kleinen Empfangszimmer arbeitete Friedrich vor allem an kalten Tagen lieber als in den großen Räumen, weil es hier wärmer und gemütlicher war. Eigentlich sieht es gar nicht aus wie ein Büro!

hier auch sein Bett! Das war schon ein bisschen komisch – König Friedrich empfing ganz fremde Menschen wirklich in dem Zimmer, in dem er auch schlief. Allerdings war das Bett durch einen Vorhang vor den Blicken der Leute geschützt. Auch dieses Zimmer hatte reich verzierte Wände mit vergoldeten Holzschnitzereien, die Blumen und Vögel zeigten. Es standen eine Menge Stühle im Zimmer herum, aber meist waren sie mit Papieren und Büchern bedeckt. Setzen konnten sich die Besucher hier nur selten.

Auch in Sanssouci wollte Friedrich jeden Abend ein Hauskonzert veranstalten und außerdem täglich mehrere Stunden Flöte

Musik zum Anschauen – Man kann sich richtig vorstellen, wie die vielen goldenen Ranken und Muscheln glänzen, wenn die Kerzen im Kronleuchter brennen.

spielen. Darum war es nicht erstaunlich, dass er ein eigenes Musikzimmer bauen ließ. Mit riesigen Spiegeln und Gemälden! Wer nach oben blickte, sah ein goldenes Spinnennetz, das sich über die Decke breitete und von goldenem Weinlaub gehalten wurde. Musizierende Engel gab es, Hunde, Blüten und Früchte – alles holzgeschnitzt und vergoldet. Abends wurden die Kerzen der prächtigen Kronleuchter entzündet. Das Licht der Kerzen wurde von den Spiegeln zurückgeworfen und tauchte den Raum in ein märchenhaftes Licht. In diesem Raum klang die Musik am Abend ganz besonders schön!

Nicht nur für die Musik hatte Friedrich einen eigenen Raum. Natürlich ließ er auch für seine Bücher ein eigenes Zimmer, eine Bibliothek, bauen. Diese Bibliothek war rund. Die Bücherregale waren ringsum in die Wände eingelassen. Und da stand Friedrichs Büchersammlung. Ein Bücherregal war innen an der Tür angebracht, so dass man bei geschlossener Tür gar nicht mehr sah, wo der Ausgang war. Friedrich konnte ganz in seiner Bücherwelt

Sogar in die Tür ließ Friedrich ein Bücherregal einbauen. Wenn sie geschlossen wurde, war er ganz von Büchern umgeben und niemand durfte ihn stören.

versinken. Weit mehr als 2000 Bücher hatte er hier! Von den meisten Büchern besaß er aber gleich vier oder fünf Exemplare, jedes stand in einem seiner Schlösser. So konnte er von einem Schloss zum anderen reisen ohne das Buch, das er gerade las, mitnehmen zu müssen. Eine sehr gute Idee.

Außer diesen prächtigen Zimmern gab es natürlich noch einfachere Räume für die Dienstboten des Königs und natürlich auch eine Küche. Ein Badezimmer gab es nicht. Damals hatten die Menschen nur ganz selten ein Badezimmer, selbst ein König! Gewaschen hat sich Friedrich über einer Schüssel mit Wasser, die seine Diener in sein Schlafzimmer trugen. Aber er nahm es eh nicht so genau mit dem Waschen. Obwohl sein Vater doch so viel Wert auf Sauberkeit gelegt hatte, brauchte Friedrich gerade mal eine

Das schönste Gästezimmer heißt heute »Voltairezimmer«, weil man lange Zeit geglaubt hat, dass der Dichter Voltaire dort gewohnt hat. Stimmt zwar nicht, macht aber nichts. Das Zimmer ist trotzdem wunderschön. Schade eigentlich, dass Friedrich es so nie gesehen hat, denn es wurde erst nach seinem Tod so hübsch gestaltet. Vorher war es ziemlich kühl, weil alle Verzierungen, die heute so schön bunt sind, silbern waren. Friedrich fand das schick.

halbe Minute für die Morgenwäsche. Auch Toiletten gab es nicht, nur Toilettenstühle, die Diener dem König brachten und anschließend ausleerten.

Er ließ fünf Gästezimmer bauen, und jedes Gästezimmer hatte noch eine kleine Kammer für die Dienstboten der Gäste. Die Gästezimmer waren auch aufwändig verziert, aber natür-

Verkehrte Welt – hier sitzen die Musiker nicht auf den Stühlen am Boden, sondern lassen die Füße von der Decke des Marmorsaales baumeln.

lich nicht so prächtig wie die Gemächer des Königs. Wie die Zimmer des Königs, so lagen auch die Gästezimmer hintereinander. Um in das zweite zu gelangen, musste man durch das erste gehen. Um in das dritte zu kommen, musste man durch das erste und zweite laufen und so weiter. Das war manchmal ganz schön unpraktisch! Schließlich konnte es passieren, dass im ersten Gästezimmer gerade einer ins Bett ging, wenn ein anderer Gast hindurch lief. Aber wer das vermeiden wollte, der konnte ja über die Terrasse gehen, von dort aus gab es nämlich auch eine Tür zu jedem Gästezimmer. Und die Gäste wird es eh nicht sehr gestört haben. Schließlich waren sie beim König eingeladen! Dafür konnte man schon mal durch ein paar Zimmer laufen oder über die Terrasse kommen.

Was fehlt noch? Ein Saal natürlich. Ein Schloss braucht einen Saal und Schloss Sanssouci hat einen prächtigen, den Marmorsaal. Der liegt in der Mitte des Schlosses, ist, wie der Name schon sagt, ganz mit kostbarem Marmor ausgekleidet und hat eine große Kuppel. Unter dieser Kuppel saß Friedrich gerne mit seinen Freunden und diskutierte.

Was jetzt noch fehlt, das sind die Zimmer der Königin. Und tatsächlich: Es gab sie nicht. Die Königin blieb im Berliner Schloss und Friedrich lud sie nie nach Sanssouci ein. Noch nicht einmal zu seinem Geburtstag. Auch sonst war er in keiner Weise besonders nett zu ihr. Als seine Schwester Ulrike, die Königin von Schweden, zu Besuch nach Berlin kam, stellte Friedrich seine Frau mit den Worten vor: »Und das ist meine alte Kuh, die Sie ja schon kennen.«

Nach Sanssouci durfte nur ganz selten überhaupt irgendeine Frau kommen. Auch seine Lieblingsschwester Wilhelmine, an der Friedrich sehr hing, war fast nie hier. Sanssouci sei ein Kloster, spottete Wilhelmine. Aber Friedrich störte das nicht. Hier lebte er sein eigenes Leben, so wie er es wollte. Und er wollte es eben ohne Frauen.

Alltag eines Königs

Wie lebte Friedrich nun in seinem Schloss? Sein Tag begann jedenfalls früh. Lange ausschlafen wollte der König nämlich nicht. Im Sommer stand er sogar schon um fünf oder sechs Uhr auf. Er zog sich an und ein Diener brachte ihm den Morgenkaffee. Die Post lag schon bereit. Während er den Kaffee trank, las Friedrich die Briefe. Ein richtiges Frühstück nahm der König nicht zu sich, er aß höchstens etwas Obst. Während er weiter Kaffee trank und las, kam der Friseur. Er rasierte den König mit einem scharfen Messer und frisierte ihm die Perücke. Damals trugen alle Menschen eine Perücke, Männer meist zu einem Zopf frisiert. Es galt als unfein, keine Perücke zu tragen. Friedrich trug nicht nur eine Perücke, sondern fast immer auch seinen Hut. Den setzte er eigentlich nur beim Abendessen ab. Zwischendurch kamen Offiziere der Armee und erhielten vom König Befehle, was sie an diesem Tag zu

tun hätten. Auch die Sekretäre kamen und sprachen mit Friedrich über die Briefe.

Danach spielte Friedrich Flöte. Während er flötete, spazierte er in seinem Zimmer auf und ab. Manchmal öffnete er die Türen und lief sogar durch alle seine Zimmer mit der Flöte.
Um zehn Uhr dann trat Friedrich hinaus und sah sich eine Parade seiner Soldaten an, die ordentlich in Reih und Glied an ihm vorbeimarschierten. Danach ging er wieder hinein und nun durften die Menschen kommen, die den König sprechen wollten. Einer nach dem anderen wurde in sein Arbeitszimmer vorgelassen und durfte dem König seine Bitte vortragen. Um zwölf Uhr musste aber auch der letzte Besucher gehen, denn nun wollte der König Mittag essen.

Zum Arbeiten fast zu schade, so ein kostbarer Tisch. Eigentlich kaufte Friedrich lieber Möbel aus brandenburgischen Werkstätten, aber bei diesem schönen Stück aus Frankreich hat er eine Ausnahme gemacht, weil es ihm einfach zu gut gefiel.

Das Mittagessen fiel nicht so bescheiden aus wie das Frühstück! Friedrich aß nämlich sehr gerne und seine zwölf Köche kochten auch sehr gut. Meist hatte Friedrich sich Gäste zum Mittagessen eingeladen. Die mussten natürlich das essen, was dem König schmeckte. Und der aß besonders gerne sehr scharf gewürzte Speisen, Pasteten mit Paprika und würzigen Käse zum Beispiel. Manchem Gast war das viel zu scharf! Dazu tranken der König und seine Gäste edlen Wein und Champagner.

Das Essen trugen die Diener auf. Dabei waren sie sehr vorsichtig, denn sie fürchteten des Königs Launen. Der wurde nämlich oft sehr böse, wenn auch nur eine Tasse zerbrach. Wenn aber ein ganzes Service zerbrach, konnte es sein, dass ihm der Übeltäter so leid tat, dass er ihn nicht strafte. Daraus wurde man nun wirklich nicht schlau! Und als ein Diener einem hohen Gast eine ganze Tasse Tee über das Hemd goss, da sagte Friedrich nur: »Es tut mir leid, dass Sie einen Fleck haben. Aber der Diener hat es nicht mit Absicht getan.« Den Diener strafte er nicht.

Wir sind Gäste beim festlichen Abendkonzert, veranstaltet zu Ehren Wilhelmines. Sie thront in der Mitte des Raumes auf dem Sofa und scheint ganz versunken in die Musik. Links von ihr sitzt eine weitere Schwester Friedrichs, Amalie, die in einem Kloster in Quedlinburg lebt und sich ebenfalls sehr für Musik interessiert. Um sie herum sind in der linken Bildhälfte eine Menge würdiger Herren zu sehen. Das sind Angehörige des Hofstaates, ganz vorn z.B. Graf von Gotter, der Direktor der Berliner Oper. Der, der so verzückt (oder gelangweilt?) nach oben schaut, hat einen schwierigen französischen Namen, de Maupertuis, und ist ein Mathematiker und Geograf, der auch an der berühmten Tafelrunde des Königs teilnehmen darf. Auf der anderen Seite sind die Musiker der königlichen Hofkapelle zu sehen. Am Cembalo sitzt Carl Philipp Emanuel Bach, der Sohn des berühmten Johann Sebastian Bach aus Leipzig. Er schaut ein bisschen unlustig drein, weil er auf seinen König nicht gut zu sprechen ist. Der bezahlte ihm nämlich sehr wenig Geld, gestattete ihm aber trotzdem erst nach 28 Jahren, sich eine andere Arbeitsstelle zu suchen. Der Mann an der Säule ganz rechts im Bild ist auch ein berühmter Musiker – der Hofkomponist und Flötenlehrer Johann Joachim Quantz. Er war der einzige, der es dem König sagen durfte, wenn der sich mal verspielte. Das tat er aber ganz vorsichtig und mit freundlichen Worten, denn der König konnte ganz schön sauer werden, wenn ihn jemand kritisierte.

Nach dem Mittagessen ging Friedrich gerne zu seinen Pferden und ritt im großen Schlosspark spazieren. Danach kehrte er an seinen Schreibtisch zurück, um zu arbeiten.

Am Abend lud der König zum Konzert. Dabei war er nur ganz selten Zuhörer, fast immer spielte er selbst auf seiner Querflöte. Dann, im Anschluss an das Konzert, wurde zu Abend gegessen, natürlich wieder mit Gästen. Friedrich unterhielt sich furchtbar gerne mit seinen Gästen und es wurde oft spät, bis er zu Bett ging.

So also verbrachte Friedrich seine Tage: Mit seinen Hunden, seiner Flöte, seinen Gästen und seinen Büchern. Aber – wie sah der König eigentlich aus? Trug er immer feine Kleider?
Tja, das ist so eine Sache. Tatsächlich sah Friedrich überhaupt nicht fein aus. Als junger Mann hatte er sich noch gerne hübsch gekleidet und sorgfältig gekämmt. Später war ihm das völlig egal. Er trug immer Reitstiefel, auch im Schloss. Und die Stiefel ließ er nie putzen. Sie müssen scheußlich ausgesehen haben. Seine Uniform, die er immer trug, war auch ziemlich kaputt. Er wechselte sie fast nie. Und dann war der König auch ziemlich klein. Naja, zum Glück wussten die Leute ja, dass er der König war, denn sehen – sehen konnte man das wirklich nicht immer!

Der kluge König

Auch wenn er nicht fein aussah, so war der König doch ein sehr feiner Mann. Er war sehr gebildet, weil er so viel gelesen hatte. Und er lud immer die klügsten Leute in sein Schloss ein. Einer von ihnen war der berühmte französische Dichter Voltaire. Der lebte viele Monate bei König Friedrich im Schloss Sanssouci.

Voltaire und andere kluge Männer aßen abends mit dem König. Dabei saßen sie um einen runden Tisch und unterhielten sich. Über Bücher, Gedichte, Musik und Politik. Dass der Tisch, an dem sie saßen, rund war, das finden wir heute ganz normal. Tische können rund sein oder eckig, das spielt keine Rolle. Aber damals spielte es eine Rolle. Ein König saß und aß am Kopfende einer langen rechteckigen Tafel. Und genau das wollte Friedrich nicht! An einem runden Tisch, fand er, könne man sich viel besser unterhalten.

Wenn er mit seinen klugen Freunden zusammen saß, dann war es auch egal, ob einer König war oder Edelmann oder Graf. Es war nur wichtig, dass man Gespräche führte, die dem König gefielen. Die Männer durften alles sagen, was sie gern sagen wollten – aber interessant musste es sein. Der König wurde wütend, wenn ihn jemand langweilte.

Sicherlich haben Friedrichs Freunde auch an den Konzerten teilgenommen, die abends im Schloss stattfanden. Der König selbst und sein Lehrer Quantz spielten Flöte. Auf Geigen, Bratschen und einem Klavier wurden sie begleitet. Manchmal spielte Friedrich auch ganz alleine etwas vor. Er spielte ziemlich gut Querflöte. Sein Lehrer klopfte den Takt. Und manchmal, wenn Friedrich sich verspielte, dann hustete er, damit die Zuhörer die Fehler nicht hörten.

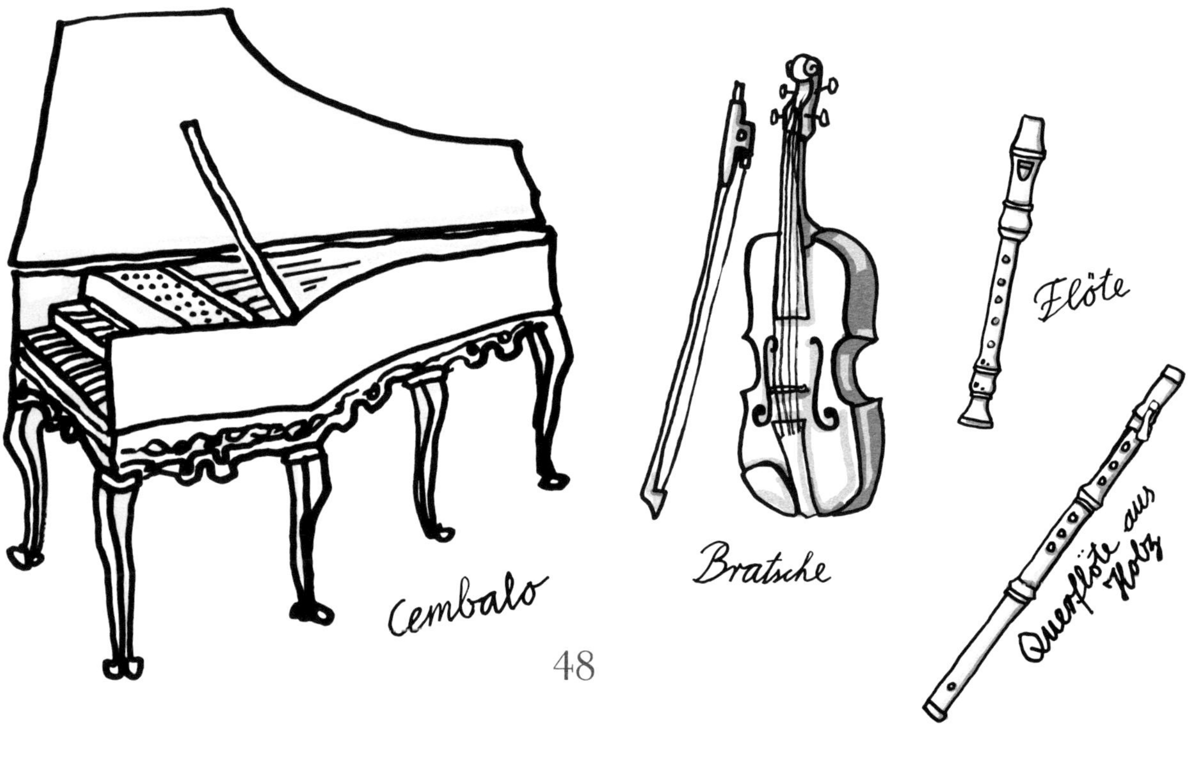

Zu Tisch, bitte! Zur Tafelrunde Friedrichs eingeladen zu werden, war eine große Ehre für die Gelehrten und Dichter in ganz Europa. Jeder, der dabei war, wollte so dicht wie möglich beim König sitzen, deshalb gab es manchmal auch Streit untereinander und einer redete schlecht über den anderen beim König. Der verzankte sich schon nach ein paar Jahren mit seinem Freund Voltaire und die Tafel löste sich auf.

So hatte es der König gern: Fleißige Handwerker und Händler sorgen für Wohlstand in Stadt und Land, schließlich kostet das schöne Opernhaus eine Menge Geld!

Friedrich gab aber nicht nur eigene Konzerte. Er ging auch gerne in Konzerte und ganz besonders gerne in die Oper. Und darum ließ Friedrich ein Opernhaus bauen. Opern wurden zu dieser Zeit fast nur an Königshöfen aufgeführt. In die Berliner Oper aber durften alle Menschen gehen! Übrigens ließ Friedrich auch das Opernhaus von seinem Lieblingsbaumeister Knobelsdorff bauen. Der hatte ja auch schon Schloss Rheinsberg umgestaltet und Schloss Sanssouci gebaut. Das Opernhaus wurde ein riesiger Erfolg! Und Friedrich sorgte dafür, dass nur richtig gute Sänger, Schauspieler und Tänzer aus ganz Europa dort auftraten. Obwohl sonst durchaus sparsam – hier gab Friedrich das Geld mit vollen Händen aus. Die Schauspieler und Sänger verdienten sehr gut. Einmal holte Friedrich eine berühmte Tänzerin nach Berlin. Sie hieß Barbarina. Dafür, dass sie so schön

Im Berliner Schloss hat Friedrich zwar nicht gern gewohnt, aber ein ziemlich prächtiges Gebäude war es trotzdem.

tanzte, zahlte Friedrich ihr mehr Geld als zehn hochrangigen Ministern zusammen!

Friedrich beschäftigte auch Vorleser. Nicht, dass er nicht selbst hätte lesen können, aber manchmal wollte er, dass jemand ihm vorlas. Die Vorleser mussten aber meistens nur ganz kurz lesen, dann nahm der König ihnen das Buch wieder aus der Hand und las selbst laut vor. Er fand wohl doch, dass er selbst am besten vorlesen konnte. Und dann sprach er mit dem Vorleser über den Text, den er gelesen hatte. Aber Friedrich las nicht nur, er schrieb auch. Er schrieb eigene Texte und Gedichte. Die Gedichte waren nicht alle wirklich gut. Aber Dichten machte ihm Spaß und darum dichtete er.

In seinem Schloss hatte Friedrich Frauen nicht so gern, auf der Bühne schon. Im Berliner Opernhaus und im kleinen Schlosstheater in Sanssouci traten die besten Sängerinnen und Tänzerinnen aus ganz Europa auf. Da war Friedrich plötzlich auch nicht mehr so sparsam. Der Tänzerin Barbara Campanini, genannt Barbarina, zahlte er 12 000 Taler im Jahr, sein Hofcembalist Bach bekam dagegen nur 300. Der König konnte ganz schön ungerecht sein.

Der gefürchtete König

Das Leben hätte so schön weitergehen können. Leider beschloss Friedrich eines Tages, einen Krieg zu führen. Am 16. Dezember 1740 rückte er mit 28 000 Soldaten in Schlesien ein. Das ist ein Land mitten in Europa, das zu Österreich gehörte. Es herrschte zu der Zeit Frieden und Friedrich galt nun als gefährlicher Angreifer. Warum also begann er einen Krieg?

Friedrich war eitel. Er wollte gerne ein großer König sein. Und das, so meinte er, konnte er nur werden, wenn er einen Krieg gewann. Er wollte Schlesien gerne erobern. Schlesien war ein wichtiges Land, weil durch Schlesien die Oder floss. Die Oder war der wichtigste Fluss für die Preußen. Damals wurden nämlich Lebensmittel, Stoffe, Holz und andere Waren mit Schiffen auf diesem Fluss transportiert. Heute machen das meistens Lastwagen, aber die gab es damals ja noch nicht. Alles kam auf Schiffen, alle Schiffe fuhren auf der Oder. Und Friedrich wollte nicht, dass ein anderer König diesen wichtigen Wasserweg beherrschte.

Die österreichische Kaiserin Maria Theresia war nicht so gut auf Friedrich zu sprechen. Sie nannte ihn »den böhsen Mann«, weil er versuchte, ihr ein Stück ihres Reiches wegzunehmen.

Friedrich dachte, dass er Schlesien ganz leicht erobern könnte. Die österreichische Kaiserin Maria Theresia, der Schlesien gehörte, war noch sehr jung. Sie hatte noch nie einen Krieg geführt. Von ihr erwartete Friedrich nicht viel Gegenwehr. Aber er hatte sich geirrt. Maria Theresia ließ sich diesen Überfall der Preußen nicht gefallen. Sie schickte ihre Soldaten nach Schlesien, um Friedrich und seine Truppe zu vertreiben. Es kam zu furchtbaren Kämpfen. Friedrich ritt dabei immer mitten unter seinen Soldaten, manchmal sogar vor ihnen her. Er wollte keine Vorrechte. Er schlief auch auf dem kalten Boden. Bei einer großen Schlacht, der Schlacht bei Mollwitz, wäre Friedrich beinahe gefangen genommen worden. Er hatte keine Angst. Seinen Generälen hatte er gesagt, dass sie nicht verhandeln sollten, falls er, der König, in Gefangenschaft geriete. Sie sollten einfach weiterkämpfen. Die Soldaten bewunderten Friedrich. Denn andere Könige kämpften nicht mit. Sie gaben immer nur Befehle.

Die Soldaten waren Friedrich dankbar. Sie sprachen ihn mit »Du« an, sie nannten ihn »Fritz« oder »Vater«. Er nannte sie »meine Kinder«. Kein König dieser Zeit sprach so mit seinen Soldaten.

Hier hat der Maler geschummelt. In Wirklichkeit war Friedrich gar nicht so groß und majestätisch, wie er hier aussieht, aber das Bild sollte ja seine Feinde beeindrucken, da stellt man sich schon mal ein bisschen auf die Zehenspitzen.

Friedrich gewann den Krieg. Aber es gab trotzdem keinen Frieden. 1745 entbrannte der zweite Krieg um Schlesien. Maria Theresia wollte Schlesien nämlich gerne zurückhaben. Obwohl Friedrich weniger Soldaten hatte als die Österreicher, besiegte er sie in der Schlacht bei Hohenfriedberg – haushoch. Das lag vor allem daran, dass Friedrich sich viele Tricks ausdachte, um die Österreicher zu überlisten: Wenn sich seine Soldaten nachts anschlichen, ließ er die Hufe der Pferde mit Tüchern umwickeln, so dass die Feinde sie nicht hören konnten. Er ließ große Feuer anzünden, so dass die Österreicher dachten, dort lägen Friedrichs Soldaten. Dann rannten sie auf die Feuer los. In Wahrheit aber lag niemand am Feuer und die preußischen Soldaten überfielen die Österreicher von hinten. So siegte Friedrich ein zweites Mal gegen Maria Theresia. Als Friedrich nach dem siegreichen Krieg am 28. Dezember 1745 in Berlin einzog, nannten ihn die Berliner zum ersten Mal »Friedrich den Großen«.

Während dieses Krieges geriet Friedrich oft in große Gefahr. Einmal traf ihn eine Kugel und zerfetzte seine Jacke. Trotzdem

Gar nicht so leicht, den Überblick zu behalten, bei diesem Schlachtengetümmel. Das Bild zeigt eine der Schlachten des Krieges, in der mehr als 9000 Soldaten fielen. Friedrich gab aber trotzdem nicht auf und der Krieg dauerte noch fünf Jahre, in denen noch viel mehr Soldaten ums Leben kamen.

wurde er nicht verletzt. Die Kugel prallte nämlich an einer Tabakdose ab, die in seiner Tasche steckte. Leider hatte Friedrich trotzdem noch nicht genug vom Kriegführen. Er wollte Preußen noch größer machen, noch wichtiger. Die anderen europäischen Länder verbündeten sich aber gegen Preußen und kreisten es ein. Und wieder zog Friedrich in einen Krieg. Und der dauerte sieben Jahre! Das ist eine sehr lange Zeit, vor allem, wenn man Krieg führt. Die Soldaten waren getrennt von ihren Familien, sie mussten draußen schlafen, lange marschieren und grausame Schlachten schlagen. Friedrich kämpfte jetzt gegen Frankreich, Russland, Österreich und Schweden gleichzeitig. In diesem Krieg waren die Preußen unter Friedrich so erfolgreich, dass sie sogar die besonders mutigen Franzosen schlagen konnten.

Mit dem Siebenjährigen Krieg hatte Friedrich aus dem kleinen Land Preußen ein wichtiges und großes Land gemacht. Alle anderen europäischen Könige hatten nun Respekt vor Preußen. Hundert Jahre später wurde aus diesem Preußen Deutschland. In jedem der drei grausamen Kriege starben Hunderttausende Menschen. Das Volk hungerte. Es war eine schreckliche Zeit. König Friedrich kehrte nach der letzten siegreichen Schlacht nach Berlin zurück. Die Berliner empfingen ihn freundlich. Sie standen an den Straßen und wollten ihrem König zujubeln. Aber der wollte den Sieg nicht feiern. Vielleicht spürte er doch, dass ein Krieg nicht gefeiert werden kann.

Der alte König

Die Kriege hatten den König müde gemacht. Seine Soldaten hatten ihm den Namen »Alter Fritz« gegeben. Und inzwischen nannten ihn schon fast alle so. Er war ein alter Mann geworden. Friedrich zog sich zurück auf sein Schloss. Dort versuchte er, wieder so zu leben wie früher. Aber es war nicht mehr alles wie früher. Er hatte kaum die Kraft, um in die Bibliothek zu gehen. Selbst längeres Sitzen auf der Terrasse strengte ihn an. Auch Flöte spielen konnte er nicht mehr. Ihm waren nämlich die Schneidezähne ausgefallen, darum konnte er nicht mehr richtig in die Flöte blasen.

Freude machten ihm nach wie vor seine Hunde: Friedrich liebte Hunde über alles, und ganz besonders seinen Lieblingshund: Biche.

Biche hatte einen eigenen Diener, der ihn und die anderen Hunde in einer Kutsche spazieren fahren musste. »Aus!« oder »Pfui!« oder »Sitz!« – das durfte der Diener

Das Bild, das der Maler Anton Graff 1781 von Friedrich malte, ist eines seiner berühmtesten Friedrich-Bilder. Es gibt viele Menschen, die den alten Preußenkönig noch heute sehr verehren, weil er eine interessante Persönlichkeit war und viele für seine Zeit ungewöhnliche Dinge getan hat.

zu den Hunden aber niemals sagen. Er sprach ganz vornehm mit den Hunden. Er sagte: »Biche, bitte seien Sie doch artig!« und »Biche, möchten Sie wohl noch etwas essen?« Die Hunde durften auf den feinen Sesseln liegen und überall spielen. Selbst im Konzertzimmer tobten sie herum. Einmal rissen sie sogar die schweren Samtvorhänge herunter, weil sie sich so heftig gebalgt hatten. Friedrich fand das gar nicht schlimm. Seine Hunde durften auch bei Tisch dabei sein und Friedrich warf ihnen die besten Fleischstücke von seinem Teller zu! Dabei kleckerte er manchmal ganz furchtbar. Aber auch das störte ihn nicht. Und sein Lieblingshund schlief nachts in seinem Bett. Wenn einer seiner Hunde starb, war Friedrich unendlich traurig. Er ließ ihm dann ein Grabmal aus Marmor bauen.

So sehr sich Friedrich um seine Hunde sorgte, auf seine eigene Gesundheit achtete er wenig. In Schlesien hatte er seinen Soldaten bei einem Manöver zugesehen. Sechs Stunden lang, bei strömendem Regen und ohne Mantel! Danach war er sehr schwer krank geworden. Und so richtig erholte er sich nicht mehr.

Natürlich hatte Friedrich Hofärzte. Königliche Ärzte, die nur für ihn da waren. Aber Friedrich hielt nicht viel von Ärzten. Stattdessen mischte er sich selbst Medizin zusammen – aus den merkwürdigsten Zutaten! So trank er gegen seine Krankheit morgens starken Kaffee mit Senfkörnern. Anscheinend wirkte diese Mixtur nicht. Dem König ging es immer schlechter. Nur noch selten konnte er seinen Generälen und Ministern Befehle erteilen.

Bei berühmten Menschen war es damals üblich, die sogenannte Totenmaske abzunehmen. Das bewahrt das letzte Bild des verstorbenen Menschen für die Nachkommen auf.

In der Nacht zum 17. August 1786 hatte der alte Fritz kaum noch die Kraft, zu atmen. Sein Kammerdiener stützte ihn. In dieser Nacht, genauer nachts um zwei Uhr, starb König Friedrich der II. von Preußen. Tausende von Menschen kamen aus Berlin und Potsdam, um sich vom König zu verabschieden.

Fast 300 Jahre ist es her, dass Friedrich gelebt hat. Und noch immer erinnert sehr vieles an ihn. In Berlin gibt es ein großes Reiterstandbild, das ihn zeigt. Auf vielen, vielen Bildern haben berühmte Künstler den König gemalt. Auch Schloss Sanssouci steht noch. Täglich kommen Menschen aus aller Welt nach Sanssouci, um das Schloss zu sehen. Und wenn sie durch die prächtigen Zimmer des Schlosses gehen, dann denken sie an den König – an Friedrich den Großen.

Friedrich ist bis heute für viele Künstler ein Thema, das sie zu ganz verschiedenen Kunstwerken anregt. Hier hat ihn der Bildhauer Johann Gottfried Schadow mit seinen beiden Lieblingshunden »Alkmene« und »Hasenfuß« abgebildet. Ob »Hasenfuß« wirklich so ängstlich war wie sein Name?

Wenn Du in Berlin bist,
kannst Du dem König
einen Besuch abstatten.
Er sitzt Unter den Lin-
den auf seinem Pferd
und freut sich, wenn
Gäste vorbeikommen.

Impressum

Schupelius, Gunnar und Magdalena:
Beruf König – Die wahre Lebensgeschichte von Friedrich II.
2. Auflage der Neuausgabe – Berlin: Berlin Story Verlag 2012
ISBN 978-3-86368-055-8

Alles über Berlin GmbH
Unter den Linden 40, 10117 Berlin
Tel.: (030) 51 73 63 08
Fax: (030) 51 73 63 06
www.BerlinStory-Verlag.de, E-Mail: Service@AllesueberBerlin.com
Illustrationen: Beate Bittner
Umschlag und Satz: Norman Bösch

Bildnachweis:
akg-images, Berlin: 19r.; akg-images, Berlin/Erich Lessing: 17, 39; Berlin Story: 49, /Ron Mertiny: Backcover, 61, 62; Bildarchiv Preußischer Kulturbesitz: 37, 44, 54, 57; Stiftung Preußische Schlösser und Gärten: Frontcover, Frontispiz, 4r., 7, 11, 18, 19l., 30, 35, 36, 38, 42, 52, 55, 60; Wikimedia Commons (public domain): 1, 4l., 22, Umschlag innen (5); Wikimedia Commons (Steffen Heilfort, unter der Lizenz Creativ Commons CC-BY-SA 3.0): 33

WWW.BERLINSTORY-VERLAG.DE